दरारों में उगी दूब

[कविता संग्रह]

दरारों में उगी दूब

चित्रा देसाई

राधाकृष्ण प्रकाशन

ISBN : 978-81-8361-950-9

दरारों में उगी दूब

पहला संस्करण : 2020

मूल्य : ₹295

प्रकाशक
राधाकृष्ण प्रकाशन प्राइवेट लिमिटेड
जी-17, जगतपुरी, दिल्ली-110 051

शाखाएँ : अशोक राजपथ, साइंस कॉलेज के सामने, पटना-८00 006
पहली मंजिल, दरबारी बिल्डिंग, महात्मा गांधी मार्ग, इलाहाबाद-211 001
36 ए, शेक्सपियर सरणी, कोलकाता-700 017
वेबसाइट : www.radhakrishnaprakashan.com
ई-मेल : info@radhakrishnaprakashan.com

मुद्रक : बी.के. ऑफसेट
नवीन शाहदरा, दिल्ली-110 032

DARARON MEIN UGI DOOB
Poems by Chitra Desai

अनंग, नचिकेत, तनुज के लिए
जिन्होंने मेरे 'मर्यादित पर स्वतंत्र मन'
को समझा, सँवारा और मान दिया

जहाँ कुछ दरकता है
वहाँ कुछ पनपता भी है।

भूमिका

गाँव में कभी कोई किताब तो दूर, पत्रिका के भी दर्शन नहीं हुए। सुबह पाठशाला, दोपहर सहेलियों के साथ खेत में या कीकर पर चढ़ फली खाने में बीतती। खेलने के लिए कंचे, लिखने के लिए तख़्ती काफ़ी थे। शाम को चौक बुहारते या कुएँ से पानी भरते, गीत गाते रहते। लिपे हुए आँगन में उपजी कविता। कब, कैसे नहीं मालूम। 16 साल की उम्र में एक मित्र ने कहा 'अरे तुम कविता भी लिखती हो।' और एक हरे रंग की भारी भरकम डायरी हाथ में थमा दी। वह डायरी अभी भी मेरी सहेजी पूँजी है।

लिखती रही। छपने का मोह नहीं। फिर विधि-व्यवसाय, गृहस्थी वगैरह-वगैरह। पर आपने बाज की कहानी सुनी है ना? 40 बरस बाद वह अपने चोंच-पंख, चट्टान से घिस-घिस कर नोंच लेता है। कायाकल्प के लिए। फिर से अपने को गढ़ने और उड़ने के लिए। वह नया आसमान तलाशता है और मैंने नई ज़मीन तलाशी। बरसों ऊबड़-खाबड़ धरती को समतल बनाने के बाद प्रकाशित हुई ''सरसों से अमलतास'', जो उस पुरानी डायरी को सहजने की कोशिश-भर थी। उस संग्रह ने मुझे साहित्य जगत से ही नहीं, एक बड़े जनसमूह से भी जोड़ा।

इस संग्रह में भी कविताएँ चार खंडों में विभाजित हैं। एक खंड में लगभग एक भाव की कविताएँ, हालाँकि उन्हें पढ़कर आपके भाव अलग हो सकते हैं।

पहला खंड : 'पगडंडी'—खेतों की मेड़ से तारकोल की छोटी सी राह मिलती है। संकरी गलियों से ही जुड़े होते हैं लम्बे-चौड़े रास्ते।

दूसरा खंड : 'अलाव'—यहाँ सिर्फ आँच की बात है। हाथ सिकते हैं और साँचे भी।

तीसरा खंड : 'आरोह-अवरोह'—रिश्तों के उतार-चढ़ाव का नाद। यहाँ घर भी है और कचहरी भी। कचहरी की पीड़ा भी घरेलू ही होती है न!

चौथा खंड : 'मध्यान्तर के बाद'—पूर्वार्ध से उत्तरार्ध की यात्रा। स्वयं से मिलने की ज़िद।

—चित्रा देसाई

क्रम

आरोह-अवरोह

मध्यान्तर के बाद

पगडंडी

आकाश

यहाँ न आदि है
न अन्त
न परिधि
न आकार
न सूक्ष्म
न वृहद!
शिव के कंठ-सा
नीला है आकाश
धरती का सारा विष पीकर
कितना ऊपर उठ गया—
आकाश!

धरती

पहला फूल जो मैंने देखा
खाई पर फैलता—
जामनी रंग का था
जंगली बेलें,
अपने आप उगती हैं।
कोई बोता नहीं,
कोई सींचता नहीं,
कोई पालता नहीं,
फिर भी—
हरी-भरी रहती हैं,
बारह मास फलती-फूलतीं।
जिसका कोई नहीं होता—
उसकी ज़मीन होती है।

हवा

हवा में ठंडक भी है,
तूफ़ान भी है
बर्फ़ीली ज़मीन पर
फैल जाती है बिगड़े बच्चे-सी
गेहूँ के खेतों को
सहलाती है माँ-सी।
रेगिस्तान के रेत में
उड़ती है किरकिरी बन
समुद्र से गुज़रते हुए
पानी को भी उछाल देती है।
उड़ते-उड़ते मेरे कानों में
तुम्हारी ढेर-सी बातें उड़ेलती है
आजकल—
हमारे शहर की हवा बहुत बोलती है।

पीपल

इठलाई कोंपल
हल्के गुलाबी गाल-से पत्ते
धीरे-धीरे हरे हो
खेले-कूदे
गहरे रंग में जीये
फिर सूख कर—
कत्थई बन झड़ गए।
कितनी बार—
प्रसव पीड़ा सहता है ये पीपल!

चम्पा

ये चम्पा,
अपने फूलों से
महकाती है मुझे
पत्तियों से भी रिझाती है
बारिश में—
जब ये भीगती है
मेरे भीतर की गर्द
इसके तनों से उतर
ज़मीन में—
इसकी मिट्टी में सिमट जाती है।
चम्पा तुम नहीं जानती—

हमारी यात्रा समानान्तर चलती है।

सोनमोहर

ये पेड़—
मुझे खुश भी करता है
और उदास भी।
मेरे भीतर—
उतरते हैं इसके मौसम
और मेरी हँसी
इसकी टहनियों पर बैठती है।
ये मेरे आँगन में नहीं पनपता
पर साथ जीते हैं हम।

ये पेड़ भी—
तुम जैसा है ना!

बसन्त

गाँव में बसन्त
खेतों पर उतरता है
रंगों से भरा,
इठलाता
पगडंडी को भी पीला कर देता है
यहाँ मेरी सड़क पर
चौराहे पर,
धूल से सना
आँखों में किरकिराता है—
सुनो दोस्त—
हर जगह का मौसम अलग होता है,
या
हर मौसम की जगह अलग..?

बिजली

आसमान नाराज़ हो गया
ढेर सी आग
बादल में भरी
धरती पर बिफर गया—

इतना ईंधन
इतने उपले
कहाँ छिपा कर रखते हो?

खेत

ये धरती
न्याय के लिए
आसमान से गुहार लगाती है
और बादल—
आँखों पर पट्टी बाँध
बरसता है—
किसी न्यायाधीश सा!

बादल

कपास के ढेर से खेत
बोये हैं यहाँ
आसमान में भी
मिल गया मुझे
धरती का—
लटकता एक टुकड़ा।

साँझी

तालाब में तैराते थे माट
रेत भर कर
छेदते थे जिन्हें
उसके भीतर
साँझी का चेहरा
और दिया रख
पानी में बहा देते थे
पूरी देह खंडित
सिर्फ चेहरा ही सुरक्षित रखते थे हम
कैसा सच सिखाते थे हम—
शरीर गल जाए
चोट से आहत हो
पर चेहरा सदा—
प्रकाश में प्रज्वलित ही रहे—
कैसा सच सिखाते हैं हम
जब तालाब में तैराते हैं माट!

मकर संक्रांति

कोई पतंग उड़ाता है
कोई पक्षी बचाता है
मकर संक्रांति—
हर कोई
अपनी तरह मनाता है।

जोहड़

जोहड़ तुम क्यों सूख गए!
साँझी के दिए
बाहर बैठे हैं चुपचाप
हवा ठंडी नहीं करते
बच्चे लू में झुलस गए!
तेरे किनारे कंचे खेले
आते-जाते पाँव भिगोये
पर धीरे-धीरे...
चाय की दुकान
पीछे खिसकी
किसी का खेत
तुम तक आ गया
सब तेरी भूमि पर
सिंहस्थ हो गए
तब भी तुम कुछ नहीं बोले!

इस बारिश में
तुम भी भीग कर
खड़े हो जाना।
सहज सरल समतल नहीं
रहना कुछ ऊबड़-खाबड़
उगा लेना अपने भीतर
ढेर से नागफणि
अब के तुम भी
पानी भर लेना
जोहड़ तुम क्यों सूख गए?

आस्था

मेरे गाँव में,
एक टूटी-फूटी मस्जिद थी
वीरान पड़ी
उजड़ी हुई बस्ती-सी।
एक दिन अशरफ़ आया
मेरी नानी ने उसके
सिर पर हाथ रख पुचकारा।
हाथ-मुँह धुला,
आसन बिछा
उसे जिमाया।
साँझ हुई—
मस्जिद में खाट बिछा
बैठा दिया
पूरी रात वहाँ
हाथों में रेत-गारा लिये
दीवार उठने लगी

आँगन लिपने लगा
नानी ने सुबह हँस कर कहा—
सब आदमी की माया है,
जहाँ रहता है
वहीं अपने साथ भगवान बसा लेता है।

कच्ची छत

पक्के घर की
कच्ची छत
पूरे सावन-भादों बरसती
भिगोनों में पानी भर
बोरी फैला
बूँदों को समेटते थे हम।
फिर अचानक—
पानी के विद्रोह में
खड़ी हो जाती धूप
आसमान का एक दरवाज़ा खोल
भाग आती
फैल जाती चौक में
हम उसे सर आँखों पर बिठाते
कोयल-से कूकते।

पानी में भीगे पंख,
धूप सुखा देती

पक्के घर की
कच्ची छत
फिर उड़ने लगती!

धूप-से तुम

तुम मेरे खेतों में
कितनी बार—
डाकिये के ख़तों से उतर कर
धूप-सा फैल जाते थे!
चुलबुलाती सहेली के घर
चारपाई पर बैठ
मेरी आँखों में उतर आते थे।
कभी आँच से सुलगते
कभी पानी से भीगते
कहीं सर्दियों में चादर बन लिपटते
कहीं जेठ की लू-सा तपते
कभी आसमान-सा फैलते
कभी दरवाज़ों में सिमट जाते
पर उन छुट्टियों के दिन तुम सदा
हर मौसम में मेरे साथ रहते।

तुम कैसे समझोगे

तुम नहीं समझोगे—
हल के पीछे
पीठ पर बोरी टाँगे
बीज बोती
लड़की की हँसी।
उलझ जाती थी जो—
उस बूढ़े बैल की बातों से
जो दूसरों के खेत चर कर
आ बैठता था अपनी मुँडेर पर।
अपने खेत बचाने की
उस बूढ़े बैल की कोशिश—
तुम नहीं समझोगे।
बाढ़ में डूबे गाँव
पर चहचहाते थे टीले
पानी के बीच
त्यौहार मनाते थे।

ईखों के खेत में
हाथों पर जोंक की चुभन
चूल्हे में गर्म कर
लोहे से निकलती थी जो
उस बहते खून की गर्माहट
तुम नहीं समझोगे।
पूरे घर को दूध परोसती
गाय से अलग बँधी
बछिया का रुदन
बरसम से लदे कन्धे
सर पर बैठी जई की गठरी
कटते हुए चारे की खुशबू
गेहूँ की जड़ों से
घास कुरेदती
खुरपी की पकड़
खुदानों की मिट्टी
और गोबर से लिपटे
हाथों का खुरदरापन
तुम नहीं समझोगे।

नानी

गर्म राख में—
तुम्हें महसूस किया था
समझ गई—
मेरी हथेलियों से
चेहरा फिसल गया है।
मुठ्ठी में रखी पूँजी
अब जम गई है।
और फिर—
सड़कों के नीचे दबे खेत
उगा लिये हथेली पर।
बस की खिड़की पर,
टिकी तुम्हारी आँखों को
चारों तरफ फैला लिया।

ज़मीन पर लटकते तुम्हारे पल्ले को
धरती के छोर से बाँध
अपने भीतर समेट लिया है।

माँ के नाम पत्र

आज मैं गाँव गई थी माँ,
उसी बस में
उसी अड्डे पर
जहाँ बैठ—
साठ की गिनती कर,
मिनट नापती थी
जहाँ खो-खो खेल
घंटों तुम्हारी राह देखती थी
अब वहाँ कोई नहीं खेलता माँ!
कुछ घरों ने दीवारें बढ़ा
मैदान अपना आँगन कर लिया है।
वो चाय की दुकान
जहाँ बैठ कर हम बस का इन्तजार करते थे
अब बँट कर बिखर गई है।
वह स्कूल—
जिसकी कोशिश में

तुमने कई साल
सरकारी दफ़्तरों में हाज़िरी दी
वहाँ तुम्हें कोई नहीं जानता।
कुएँ की मुँडेर पर बैठी
जहाँ हैंडपम्प लगा
पाइप जोड़
तुमने सब घरों को पानी से भिगोया था
वह कुआँ अब सूख गया है।
उसके पास जो तुमने पीपल बोया था
वह घना पेड़ बन गया है।
मैं भी बैठी वहाँ—
तुम्हारी घनी छाँव में।
रामदत्त की बच्ची
जिसे तुमने 'सरकारी लाड़ली' बनाया था
अब स्कूल जाती है।
उसे नहीं मालूम वह बड़ी होकर—
लखपती हो जाएगी।
अँगूरी विधवा अब भी पेंशन लेती है
और रोटी के निवाले के साथ
रोज तुम्हें याद करती है।
पटवारी अब भी—
ज़मीन के दस्तावेज़ बनाते-बनाते
थोड़ा चौकन्ना हो जाता है
शायद तुम्हारी आँखें घूरती हैं उसे।
देवी सिंह ने अपनी भान्जी जला डाली
शायद किसी से मिलती थी

पर कोई गवाह नहीं
पुलिस चौकी पर कोई रिपोर्ट नहीं
कहते हैं—
किसी के जाने से कुछ नहीं बदलता।

ग़लत कहते हैं—
कई बार सूख जाता है पानी
सूने हो जाते हैं काग़ज़
विश्राम करता है न्याय
कड़वे सुर गूँजते हैं गलियों में।
आज मैं गाँव गई थी माँ!
कहते हैं—
किसी के जाने से कुछ नहीं बदलता,
ग़लत कहते हैं...।

देह-दान

मैंने नहीं सौंपा तुम्हें
अग्नि को
न नदी को
न अस्थियाँ हाथ में लीं
न पानी में राख बहाई।
छोड़ आई—
तुम्हारी ठंडी देह
बर्फ़ीले कमरे में।
थामे रही हाथ
देखती रही आँखें
न तुमने टोका
न मैंने रोका
समझ गई...
तुम्हारे जाने का आग्रह
तुम्हारी सीख काम आई
स्वयं हट कर दिया मार्ग।

किसी रस्म का
निर्वाह नहीं किया।
तुमने कब किया था?
सौंप आई तुम्हें
पूरी की पूरी
बस मन अपने साथ ले आई।
नहीं बैठ पाई तुम्हारे घर में
क्योंकि लौटने पर—
वह मकान बन चुका था।

ऑक्सीजन

जैसे आसमान से उतार ली हो...
कुछ हवा
धरती के टुकड़ों पर।
एक कोठरी में बन्द कर
सूराख़ छोड़ देती हूँ।
धीरे-धीरे...
यदा-कदा
जब घुटता है दम
साँस लेने के लिए
वहाँ से कुछ
हवा सूँघ लेती हूँ।

महाकाव्य

माँ को
एक महाकाव्य-सा
सँजो कर रखा है।
कभी अल्मारी
कभी सिरहाने।
सुनसान बीहड़ में
जब डरती हूँ
इसके शब्दों को
हाथों की तरह पकड़ती हूँ
सहमती हूँ
तो हथेलियों के बीच इस किताब को
'हनुमान चालीसा'-सा पढ़ती हूँ।

अलाव

चाक से आँच

कुम्हार के घर से
खेतों में जाती थी
चाक पर रखी मिट्टी
हाथों में लपेट
गोल-गोल घुमाती थी।
हमेशा एक सवाल—
सुराही, मटके, दिए
मिट्टी बनाती है या हाथ?
नानी की वही हँसी
और साफ जवाब—
न मिट्टी न हाथ
आग बनाती है सब।
सिकती है मिट्टी
तभी तो बनती है
वरना तो टूट कर
मिट्टी में ही घुली रहती है।

आग तपाती है
झुलसाती है
भट्‌टी में पड़े हर साँचे को
परिपक्व बनाती है।

फिर मेरा सवाल—
पर आग तो सब मिटाती है
उद्‌दंड हो—
घर, गाँव, खेत, शरीर
सब जला देती है।
नानी का फिर करारा जवाब
आग ही बनाती है सब।
दिए में उतरती है,
तो प्रार्थना बन जाती है
और देह में फैलती है
तो पूरी सृष्टि बन जाती है।
अपने भीतर—
आग सहेज कर रखना
तो ही बन पाओगी
वरना पूरी उम्र
मिट्‌टी रह जाओगी
अपने भीतर आग सहेज कर रखना...

तैनाल

सुनाई देती थी गलियों में
'तैनाल' लगवाने की पुकार।
नर्म खुरों के नीचे
लोहा जड़ते
देखा है कभी?
कहीं आवेश में
आक्रामक न हो
मुँह पर बाँध दी जाती है जाली
स्वयं को सुरक्षित कर
शुरू होती है
यातना कथा—
रेत में कुलबुलाती है पूरी देह
ज़मीन पर पटकता है सींग
जबड़ों के बीच दबी रबड़
और बहता झाग।
आँख बन्द कर...

राह देखती हूँ उसके उठने की
तैनाल लगा...
दौड़ता है वह
तारकोल की सड़कों पर
समझ जाती हूँ
यात्रा के लिए
नर्म फोहों के नीचे
लोहा लगाने की प्रक्रिया।
और मैं भी
तैनाल लगवा
उठ खड़ी होती हूँ
सरपट दौड़ने के लिए।

बीज यात्रा

(माँ से संवाद)

जैसे पकाते हैं फसल—
तुमने दिया
जल
और कड़कती धूप।
बीज चुप रहता है—
जब उखड़ती है साँस
टुकड़ों में बँट
बिखरता नहीं
उगता है।
बीज से—
बीज बनने की यात्रा
नितान्त अकेली,
चुपचाप होती है।

मणिकर्णिका

कितने जंगल जला दिये तुमने
लकड़ी के गठ्ठर
बँधे पड़े है।
अनगिनत ढेर हैं—
देह कम
और पेड़ घने हैं।
शोर होता है—
घंटियों का
कर्मकांड बने शब्दों का
बेमन से उठते—
मंत्र उच्चारणों का।
आँखों में तुम्हारी
धुआँ भरा है
कितने बच्चों की देह से—
पसीना बहता है!
कैसे कह दूँ—
कि यहाँ मोक्ष मिलता है!

क़िला

पुरातत्व विभाग ने खोज की—
सब जगह पट्टियाँ लगा दीं
ये राजा का दरबार
ये रानी का महल
राजा का बगीचा
रानी की बगिया
ये तोपों के छेद
क़िले के भीतर
महल के अन्दर
कौन कहाँ रहता था
उठता-बैठता था
खाता-पीता था
सोता जागता था
सब दर्ज़ है।
पर मैं ढूँढ़ती हूँ
उन खदानों को

जहाँ से पत्थर लाया गया
पीठों पर
कन्धों पर
पर कहीं दर्ज़ नहीं है।

वह थकान
वह टूटन
माथे की शिकन
हाथों की सूजन
जंगल और पहाड़ों के बीच
वे रास्ते ढूँढ़ती हूँ
जहाँ धूप से थककर बैठे होंगे।
सुनती हूँ—
उन कोड़ों की ध्वनि
जो पीठ ने सही होगी।
जानती हूँ—
जो दिखाई देता है
वही दर्ज़ होता है
भीतर नसों में जो बहता है
पनपता है
उगता है
चटकता है
वह सदा ओझल ही रहता है।

मोमबत्ती

हर बार उमड़ती है—
ये गुमनाम भीड़!
आक्रोश से भरी मुट्ठी
ऊपर लहराते हाथ
चीखते शब्द।
पर ख़ामोश रहती है ये भीड़—
जब बस में एक लड़की बहस करती है
उसकी कमर पर कोई फिराता है हाथ,
तो ठहाके लगाती है भीड़।
बगीचे में—
कन्धे पर रखा चेहरा
कोई सहला दे
तो नाक सिकोड़ती है भीड़।
रेल से उतरता
टूटता शरीर
गिर जाता है धम्म से

ख़ून से लथपथ पड़ा रहता है
नहीं रुकती भीड़।

सूखे गेंहू, बाजरे पर
नही छिड़कती कोई ओस।
खुले मैदान जब सिमट जाते हैं बस्तों में
नहीं लगाती कोई गुहार—
कमरे के गहरे सन्नाटे को
कभी नहीं लाँघती।
काले स्याह अँधेरे में—
कभी नहीं गुनगुनाती।
सूनी आँखों में नहीं उतारती
कभी कोई इन्द्रधनुष।
नहीं ओढ़ाती किसी अकेलेपन को
शब्दों की नर्म चादर।
खो जाता है जब
किसी का पूरा ज़मीं आसमान—

तब उमड़ती है भीड़!

मुम्बई

इस गुम्बद पर
कौवे क्यों बैठे हैं?
जालियों से कबूतर उड़ाओ
पेड़ों से
चिड़ियाँ भगाओ।
आँखें फेर लीं—
पेड़ों से
पंछियों से
मिट्टी से
घास से
पानी से
पोखर से
नदी से।
बस खारा समुन्दर लिये बैठे हैं
रेत और नमक
पूरे शहर में घोले बैठे हैं।

झुनझुने

हर छोटी बात से
खुश होते हैं हम
आज ट्रेन समय पर आई
नई सड़क पर गाड़ी चली
नल में पानी आया
बिजली भी गुल नहीं हुई
बुल बाज़ार में रौनक लौटी
अख़बार में नई योजना छपी
हर छोटी बात से खुश होते हैं हम...
नहीं पूछते—
नई सड़क के दोनों ओर
पुराने पेड़ कहाँ गए..?
किस काठगोदाम में कटे..?
कितनी जगह बाँधा पानी को..?
कितने पहाड़ खोखले किये..?
कितने उपजाऊ खेत बंजर बनाए..?

कितनी मिलों पर घर खड़े किए...?
नहीं पूछते हम।
झुनझुने लेकर हँसते हैं,
बजाते हैं ज़ोर से
शोर में सब दब जाता है—
बच्चों का रुदन भी
बड़ों की आवाज़ भी।
झुनझुने लेकर हँसते हैं हम—
हर छोटी बात पर खुश होते हैं हम...

हम पहले कितने अच्छे थे!

हम पहले बहुत अच्छे थे—
कितने हमने युद्ध लड़े
शहरों में
गलियों में
घर के भीतर
छिपी हुई कोठरी में
तहख़ानों में दबा दिया सबका मन
पर हम पहले बहुत अच्छे थे...
शिकार किया हमने
जंगलों का
नदियों का
पहाड़ों का
मिमियाते हिरन का
उड़ते पक्षी का...
पर हम पहले बहुत अच्छे थे।
काटे पेड़

ानी

ड़े

र स्वाद को आँखें दिखा
बेस्वाद किया।
सबकी आज़ादी में सेंध लगा
क़िलाबन्दी कर बैठे

पर हम पहले बहुत अच्छे थे...

शब्द-आन्दोलन

आज एक अच्छी ख़बर आई है—
सुना है—
शब्दों ने आन्दोलन कर दिया
'आप कुछ भी अर्थ
लगाते हैं हमारे!
हम हल्के-फुल्के
उड़ते हैं कहीं भी
बैठ जाते हैं
पेड़ की फुनगी पर
कोयल के गले में उतर जाते हैं
तार के साथ—
सुर मिला बजने लगते हैं।
कोई हल्के से छुए...
तो आँखों से टपक पड़ते हैं।
आप हमें पकड़
एक जगह बिठा

जड़ बना देते हैं!
भरी-भरकम
गूढ़ रहस्य-सा।
और हमारे मायने ही
बिलकुल ग़लत लगाते हैं'
सुना है—

आज शब्दों ने आन्दोलन कर दिया।

सुर्ख़ियों से परे

सुर्ख़ियों में नहीं रहती ज़िन्दगी
वह चुपचाप बसती है।
कहीं रसोई के कोने में
अन्नपूर्णा बन
सब को निवाला देती है।
कहीं रात के अँधेरे में—
बच्चे को सहला
नई रोशनी का विश्वास देती है।
कभी पाठशाला में
मास्टर जी की लकड़ी बन
हथेली पर उतर आती है।
कभी रेल में सवार
बेशुमार सपनों को
धुएँ-सा ऊँचे उड़ाती है।

कहीं गलियों में पड़ी
बेहाल ज़िन्दगी को
धूल झाड़, हँसकर उठाती है...
सुर्ख़ियों में नहीं रहती ज़िन्दगी...!

बुद्ध पूर्णिमा

सिद्धार्थ से—
बुद्ध बनने की यात्रा
तुम्हारी अपनी थी।
सुजाता की खीर खा
तुम्हें निर्वाण मिला
ये उत्सव तुम्हारा था।
पाँच शिष्यों को राह दिखा
तुमने विहार बनाये
ये विस्तार भी तुम्हारा ही था।
हर साल मनती है पूर्णिमा
जब तुमने अपनी राह पायी
मुक्त हुए संसार से
और स्वयं से।
पर हमारी खोज तो जारी है
भटकते हैं
अपने निर्वाण के लिए
फिर तुम्हारा उत्सव कैसे मनाएँ?

आकाश अकेला

आकाश के परिन्दों को
छाँव नहीं मिलती
ऊँची उड़ान भरते हैं
धूप में पंख सिहरते हैं
सूखते हैं गले
न अन्न न पानी
सिर्फ़ उड़ने की चाह में
सारी धरती छोड़ देते हैं
पर—
आकाश के परिन्दों को छाँव नहीं मिलती...!

शेखचिल्ली

मैं जब भी
अपने घर की बात करती हूँ
तुम हँस कर
क्यों कहते हो—
कि उस समय
मैं शेखचिल्ली के पात्र जैसी लगती हूँ!

पुनः

बीते क्षण
फैलते अँधेरे में
जुगनू-सा चमकते हैं।
बैराग्य की धरती पर
फिर से—
मोह बन उपजते हैं।

अति

इतने बरस बाद भी
हम सहज नहीं हो पाये
सचमुच—
हमने उस रिश्ते को
मरने की हद तक बाँधा होगा।

निरन्तर

कहाँ कुछ बदलता है।
न युद्ध का उद्घोष
न जीत पर लहराती पताका
मृत्यु के बाद भी
बचती कड़वाहट
सारे वाद-विवाद।
कहाँ कुछ बदलता है...
पतझड़ में—
सूखी पत्तियों का ढेर
आँधी में—
उखड़ते वृक्ष।
फूल पर—
शहद की उपस्थिति
धतूरे में ज़हर।
कहाँ कुछ बदलता है...
पहली सदी में भी—

राजा के आने से
लौटती थी रानी की हँसी।
आज भी जाते देख—
हिचक उठता है गले का रुदन।

सीता के स्वयंवर में
चिन्तित बैठा जनक—
'क्यों नहीं टूटता धनुष'?
या गाँव की देहरी पर...
अटकी साँस
'क्यों नहीं आती बारात'?
कहाँ कुछ बदलता है...
नदी का मीठापन
समुद्र का नमक
आकाश में छितरे बादल
बूँदों से भीगी धरती
चट्टान का सूनापन।
और...
तुम्हें देख
आँखों में उतरती आस
देह में होती सिहरन
काँपते हाथ...
कहाँ कुछ बदलता है!

बिरादरी

तुम मुझे नहीं जानते
पर मेरा चरित्र जानते हो!
कविता नहीं पढ़ते
पर आलोचक हो जाते हो।
मेरे ललाट का तेज
तुम्हें परेशान करता है
और तुम सूरज को ही
ग़लत बता देते हो।
तुम्हें उस हवा पर भी ऐतराज है,
जो मेरे—
लिपे-पुते आँगन में
बैठी हँस रही है।
उन पत्तों पर भी
टिप्पणी करते हो
जो अभी उगे हैं
पूरा पतझड़ सह कर।

नहीं सह पाते—
इतना सुनहरी पीलापन
निमौलियों से घिरा नीम
आँगन में फैला चंदन

देहरी के साथ
सटे आलों में
अलौकिक दिये...
नहीं सह पाते!
पर अब सहना सीखो—
किसी भी आँगन में
टपकेगी खिलखिलाहट।
किसी भी देहरी पर
रुक जाएगा
ये तिलस्मी जादू।
कहीं से भी निकलेगी नदी,
किसी भी खेत पर
बरसेगा बादल,
किसी भी मिट्टी में
उपजेंगे बीज।
क्योंकि—
सिर्फ़ तुम ही नहीं
इस बस्ती में सब रहते हैं।

अब तुम सहना सीखो...

पिता दिवस

मैं पिता दिवस नहीं मनाती
दरअसल—
पिता का कोई भी दिवस नहीं मनाती
मनाने का कोई,
कारण भी नहीं है
इस देश में—
बेटी के लिए सोहर नहीं गाये जाते।
तुम्हारी आँखों में उतरा बंजरपन
कौंध गया था मुझे।
अच्छा हुआ—
तुमने घर-निकाला दे दिया
मुझे खुला आकाश मिल गया!
मैंने पंख लगा लिये।

उड़ कर—
कभी नीम
कभी आँगन
कभी खेत
कभी छत पर फैल गई।
आज जब तुम नहीं हो
सब के लिए
(मेरे लिए तो कभी थे ही नहीं)
मैं तुम्हें आशीर्वाद देती हूँ
जब अपने पुरखों से मिल कर
लौटो इस धरा पर
आँखों में थोड़ी-सी नमी लेते आना
और इस बार—
बेटी के लिए
सोहर ज़रूर गवाना।

विरासत

विरासत में मिलता है—
चूल्हा चौका
बर्तन-साड़ियाँ
सोना-चाँदी
गले में झूलती 'रामनवमी',
कलाइयों पर कसे 'दस्तबन्द',
और ढेर-सी चूड़ियाँ।
पाँव की उँगलियों को
जकड़ते 'बिछुए',
बालों को लाल करता रंग
नाक छेदती 'नथनी',
सन्दूकों में बन्द 'दस्सयारी'।
कानों में फुसफुसाती सीख
हर हाल में—
रहने की हिदायत,

नुकीले शब्द सहने की कला।
पर माँ ने—
ऐसी विरासत से
मुझे बेदख़ल कर दिया था।

आरोह-अवरोह

हथेलियाँ

ऊन के गोले
सुलझाते थे
अँगूठे और उँगलियों के बीच
पर यहाँ—
उलझते हैं रिश्ते
हथेलियों के बीच....

सरगम

पूरी उम्र ज़िन्दगी
रिश्तों का रियाज़ करती रही
कभी सुर बँधा
कभी तार खिंचा
आरोह से अवरोह तक
गिरते-उखड़ते
मनाते-रूठते
रोते-हँसते—
छिपते-छिपाते
उँगलियों की पोरों से
बचती रही धुन
कभी मंच से
कभी नेपथ्य से
बजती रही सरगम
पूरी उम्र ज़िन्दगी
रिश्तों का रियाज़ करती रही।

सालगिरह

वो सुख का प्रस्ताव
जो सदियों पहले तुम लाये थे
मैंने अपनी ज़मीन में बो दिया था।
कितना विशाल पेड़ पनपा है वहाँ!
फूलों से लदा
कलरव में घिरा।
हम पूरी पृथ्वी की परिक्रमा कर
थक कर
इसी की छाँव में बैठते हैं।
हँसती आँखों से
उस सुख को
अंजुरी में भर
बूँद-बूँद पीते हैं।
वो सुख का प्रस्ताव—
जो सदियों पहले तुम लाये थे
मैंने अपनी ज़मीन में बो दिया था।

सप्तपदी

पहली बारिश पर
पहला अधिकार
धरती का होता है
जैसे तुम पर मेरा।
बरसती हैं बूँदे
भरते हैं—
सागर, नदी, तालाब।
पनपती हैं जड़ें,
धुलते हैं पत्ते
नाचते हैं मोर
बहकते हैं हिरन
बौराता है—
सृष्टि का हर कण!
पर—
बारिश पर पहला अधिकार
धरती का होता है
जैसे तुम पर मेरा।

स्वाहा

घर की उम्र के लिए
एक पूरा आदमी
टुकड़े-टुकड़े बँटकर
थामता है—
हर कोना
खोखला शहतीर
दरकती दिवार
नींव
छत...
घर की उम्र के लिए
बिखर कर मर जाता है
एक पूरा आदमी।

घरैया ताल

सबको पूरने के लिए
खाली होना पड़ता है
खुद का 'मैं' उड़ेल कर
'घरैया ताल' को भरना होता है...

पुश्तैनी नींव

घर मर जाता है
आदमी की तरह
उखड़ती हैं दीवारें
और गुम्बद
गिरती है ईंटें
जैसे हाथों से छूटते हैं—
रिश्ते।
सुन्न हो जाता है चौक
काँपती हैं सीढ़ियाँ
थम जाती हैं साँस।
फिर उठता है स्वर—
आत्मा है निरन्तर
देह बदलता है मानव
जो बनता है
ढहता है
वह मकान होता है।

घर तो आत्मा-सा
निरन्तर रहता है—
रिश्तों में सराबोर
वह सिर्फ़ जगह बदलता है—
जो बनता है
ढहता है
वह सिर्फ़ मकान होता है...

कचहरी-1

रिश्ते जब चटकते हैं
तो फाइलों में मुँह छिपा
अदालत की दीवार थामे
सालों-साल सिसकते हैं।
कटघरे में खड़े होकर चीखते हैं।
उँगलियों से नश्तर चुभोते हैं।
सदियों बाद—
जज की कलम से
फ़ैसलों में रिसते हैं।
कुछ रिश्ते—
सचमुच बड़े बदनसीब होते हैं।

कचहरी-2

जब थक जाते हैं रिश्ते
दर्द तो होता है—
संवेदना मुक्ति चाहे
आँखें कोरी हो जाएँ
हाथों में शून्यता उतर आए
माथे पर शिकन
हथेली पर खुरदरापन
पाँव ज़मीन से चिपक जाएँ
साथ चलने पर वीरान लगे
तब दर्द तो होता है।

चिरन्तन

हमने सोचा था
उम्र बढ़ जाने पर
सम्बन्ध समझदार हो जाता है।
पर ये सदा—
बच्चा ही रहता है।
मनाओ—
तो मानेगा
वरना अपनी ज़िद से
पूरी शाम रोयेगा
रुलायेगा।

बारिश के बाद

इस बार—
बारिश के बाद
नम हुए
फफूँदी जमे,
तह लगे
रिश्तों को
उलट-पुलट कर धूप लगाई।
उनकी उम्र के लिए—
तेज धूप में
सरसराती हवा में
भीतर तक परतें सेंकी।

ताना-बाना

जीवन के ताने-बाने में
कोई सूत का धागा बुनता है
कोई टूट जाता है।
बुनते-उधड़ते रिश्ते
हाथ की पोरों से—
रिसते हैं
चुभते हैं
बँधते हैं
उलझते हैं
पर सब मिल कर
आसमानी चादर बन
मेरी ज़मीन को ढकते हैं।
जीवन के ताने-बाने में
कोई सूत का धागा बुनता है...
कोई टूट जाता है।

सुन समुद्र

सुन ओ समुद्र
तुम इतने चुप क्यों रहते हो
कि किनारे पर बहता हर तिनका
सहम जाए तुम्हारी चुप्पी से।
हमें भी बता दो न—
तुम्हारा कौन-सा मौसम होता है
शोर मचाने का
इस बार—
हम भी आएँगे
तुम्हारे इस पर्व पर
क्योंकि—
बहुत मौसम बीत गए
ख़ामोश हुए—
किसी के साथ मिलकर
हम भी शोर मचाएँगे

आओ आज ही तुम्हारे तट पर
ये मौसम ले आएँ
और हम दोनों शान्ति से मिल कर
शोर मचाने का नया त्यौहार मनाएँ।

सदियों बाद

घुल गया अन्तराल सालों का
शीशे में बन्द सदियाँ
अचानक खुल गईं।
घर में ही फैल गईं...
सड़कों की आवारगी
हाथों में थाम लिये...
कैंटीन के कप।
सिनेमा हॉल से निकल
फिर शुरू हो गई
फिल्म पर बहस।
बैलबॉटम और मैक्सी पहन
कमला नगर में घूम लिये।
कितने भीगे होंगे दिन
इस खुश्क मौसम में भी

ख़ूब नमी देते हैं!
फ़ोन पर सुनी खिलखिलाहट
आँखों से देख लेते हैं।

अनन्त हैं हम...

अन्तिम कुछ भी नहीं होता—
न तुम्हारा कहा
न मेरा सुना
अनन्त हैं हम—
जैसे आकाश फैलता है
हवा बहती है
और धरती महकती है—
अनन्त हैं हम!

अन्तराल

लम्बी उम्र के बाद भी—
कॉफ़ी हाऊस में बीती
सदियों पुरानी शाम
फिर झाँकने लगती है।
चौड़ी सड़क के फुटपाथ पर
गूँजते हैं नाटक के संवाद
किनारे बसी चाय की दुकान पर
ढेर से लोगों के बीच
दिखाई देती है
तुम्हारी आँखों की मूक वेदना
या शायद छल!
बन्द तहख़ानों के बीच
सन्दूकों में दबे साल
कभी-कभी बहुत बोलते हैं
लम्बी उम्र के बाद भी...

जीती है आस्था

आस्था होती है
जो टूटती है
सब सुनती है
रोती है
एक ख़ुशनुमा मौसम की तलाश में
कितने पतझड़ सहती है।
पर सब के बावजूद
कहीं अन्दर
मन को थामे
लगातार जीती है।
आस्था होती है...

माईग्रेटिंग बर्ड्स

ये घर छोड़
सब निकल गए
अपने-अपने सुख की तलाश में।
जब थकते हैं—
तो लौट आते हैं
शरीर को ढीला छोड़
उबासी भरने के लिए।
पर उनकी उड़ान में,
हमारा कोई हिस्सा नहीं।
प्रवासी पंछी से ये लोग
सर्दियों में भरतपुर
गर्म लू में साइबेरिया।
न ज़मीन का मोह
न नीड़ की चिन्ता।
अपने कन्धों पर

अपना सुख
अपना मौसम
उठाए घूमते हैं
ये अजीब से लोग!

चाह...

जैसे उगती है धरती
आदमी के भीतर
उगते हैं रिश्ते!
कहीं महक उठे
जैसे गुलाब जल छिड़का हो
कहीं कैक्टस की बाड़
छूते ही हाथ लहुलूहान।

मैं बिलकुल निर्लिप्त होना चाहती हूँ!

शतरंज

धीरे-धीरे होता है सब
जैसे—
दीमक कुतरते हैं दीवारें
सब रेत गारा ईंट को
ढहा देते हैं।
कठफोड़ा चोंच के वार से
खोखर बना देता है
जमे हुए दरख़्त के फैले हुए तने।
बहुत सावधानी से
शब्द उतरते हैं
सम्बन्धों की बिसात पर।
अट्टहास लगा
कटु मुस्कान से
चलते हैं चाल!
धीरे-धीरे होता है सब...

शब्द-घोष

अयोध्या में—
नहीं हुआ युद्ध।
शब्दों ने—
दिया बनवास।
सुन्न हो गई उर्मिला
हँसी मन्थरा
पत्थर हुई कौशल्या
स्तब्ध पूरी नगरी
पलट गई राज-व्यवस्था
न तलवार
न कटार

शब्दों की हिंसा
असहनीय होती है!

मध्यान्तर के बाद

मध्यान्तर के बाद

पत्थरों को संवेदना देती है
उनकी दरारों में दबी मिट्टी
जहाँ उग आती है दूब
चट्टानों के अस्तित्व को ललकारती।
बिलकुल कोमल और हरी
सिर उठाये खड़ी रहती है
एकदम निडर।
कड़वे दायरों के बीच
ख़ुद खोजने पड़ते हैं चश्मे—
मीठे पानी के।
उघाड़ना पड़ता है उन दरवाज़ों को
जो सदियों से बन्द हैं।
खिड़की से बाहर हाथ फैला—
देह सेंकने को,
उतारनी पड़ती है
हथेली पर धूप।

अपने आप कुछ नहीं होता।

हिचकते हैं

हिचकते हैं
झिझकते हैं
रोक लेते हैं कितनी बार—
खुलते दरवाज़ों को
खिड़की और रोशनदानों को
हवा को
धूप को
रोशनी को
रोक लेते हैं हर बार।
पर आज हमने कुछ अजीब कर दिया
किवाड़ खोल,
नमी को निचोड़,
धूप में सेंक लिया।
भीड़ को पीछे धकेल,

ख़ुद को आगे कर लिया।

हिचकते हैं...

झिझकते हैं...

वर्णमाला

अब मिले हो तुम
शायद छूट गया था
कोई शब्द
मेरी वर्णमाला का...

सम्पादन

सोचती हूँ—
एक दिन सम्पादक बन
कुछ पन्नों को मोड़ दूँ।
कहानी के अनचाहे पात्र,
नुकीले शब्द,
जो शिराओं में बहते हैं
थोड़ा-सा मख़मली कर दूँ।
सारी उपेक्षाएँ—
चाशनी में भीग,
थोड़ी मीठी हो जाएँ।
काँच-से कौंचते हैं
कुछ पन्ने
मिट्टी में दब जाएँ।
मुखपृष्ठ पर हो
सपनों की बौछार
और पन्नों पर हो

उनके रेखाचित्र
जिन्होंने सहलाया
थामा
हाथ पकड़
थोड़ा उठाया-चलाया।
सोचती हूँ...

न्यौता

आज उड़ने का न्यौता मिला
बँधे-से—
सिमटे-से पंख—
थोड़े खोले।
घर की देहरी पर
ठिठके-सहमे
चेहरों को सहलाया
गली के नुक्कड़ पर
होती बहस को पार कर
शहर को लाँघ
हल्के से—
उड़ान भरी
आज उड़ने का न्यौता मिला...

इन दिनों...

उम्मीदों का मौसम है इन दिनों
सूखे दरख़्त में उगी कोंपल
अपाहिज शरीर में जैसे कोई हरकत हुई
मेंह की बूँद बरसी रेगिस्तान में
घास की ऋचाएँ उगीं
बंजर ज़मीन पर
उदास बच्चे की
किसी ने उँगली छुई।
सिहरने लगे हाथ
सिमटने लगी राहें
गूँजने लगे नाद...
उम्मीदों का मौसम है इन दिनों...!!

पाताल से बरसा मेंह

उस दिन कुछ तो भीगा था
जो खुश्क़ था।
गगन से नहीं बरसी बूँदें
तपते पाँवों के नीचे
पपड़ाई धरती के भीतर
खौलते लावे से—
मेंह फूटा था।
सदियों तक सो जाते हैं बसन्त
सूखे पेड़ की शाखों पर
पानी बरसने से,
नहीं उगती कोई पत्ती।
जब पाताल उबलता है—
जड़ों में हरकत होती है।
भीतर ही भीतर सींचता है उसे
साल-दर-साल,
तब कभी—

हल्की-सी हँसी हँसकर
पेड़ झाँकता है
नई पत्तियों के बीच
उस दिन—
उस दिन, कुछ तो भीगा था...

मौन संवाद

मुझे पहुँचना है तुम तक,
जैसे जड़ों की नमी
पहुँचती है पत्तों तक।
समाहित
सम्मोहित
चुपचाप
मुझे पहुँचना है तुम तक...

असमंजस

कभी लगता है—
सब छूट गया
कभी लगता है—
सब मिल गया।
घर की देहरी से
खेत की पगडंडी लाँघ
नहर पार कर
पहुँच गई अलग ज़मीन पर।
फिर मिट्टी को पलटा
भिगोया
बोया
सींचा
सेंका।
धरती बँधती है सब से
पाताल के पानी से
टहनियों की जड़ों से।

इसके भीतर से उगता है पेड़
ऊँचा उठ—
लहराता है,
इतराता है,
आसमान से बतियाता है।
उसके पाँव के नीचे दबी धरती
आहत है

जड़ें चीरती हैं उसकी मिट्टी
पर आश्वस्त भी है।
उसकी छाँव का टुकड़ा
उसे सहेजता भी तो है
इसीलिए—
कभी लगता है—
सब छूट गया
कभी लगता है—
सब मिल गया।

तुम...

बर्फ़ भी तुम
पानी भी तुम
नदी भी तुम
दरिया भी तुम।
कभी जम जाते हो
पहाड़ की ऊँची चोटी पर
कभी फिसल पड़ते हो
बहते हो
नदी-सा!
मैं छूती हूँ
पाँवों को भिगो
पूरी देह को ठंडा करती हूँ
सींचते हो—
सूखी पपड़ाई धरती को।
फिर अचानक—
दरिया में लुप्त हो जाते हो

भाप बन
आसमान में उड़ जाते हो।
    बर्फ़ भी तुम
पानी भी तुम...

लकीरों से परे

मैं तुम्हारी लकीरों में नहीं हूँ
पर...
आँखों की चमक में हूँ
नर्म हथेली की गर्माहट में हूँ
पाँवों की उछाल में हूँ
बातों के सन्दर्भ में हूँ
निजी भाषा के स्पन्दन में हूँ
सिराहने रखी किताब में हूँ
पर...
मैं तुम्हारी लकीरों में नहीं हूँ।

दबे पाँव

कोई उथल-पुथल नहीं
शान्त आँगन
कोने में उगी गुलाबी चंपा
आँगन के बीच तुलसी-दिया
ऊँची दीवारों पर खिलती मधुमालती
दरवाज़ों पर कनेर की बाड़
सब को लाँघ कर
आता है दबे पाँव
और मेरे भीतर
पूरा दृश्य बदल जाता है।
हथेलियों के बीच दबकर
पनपता है।

कोरों में समेटो
तो आँखों से झलक जाता है।
कभी-कभी चोर दरवाज़े से भी
प्यार चला आता है।

उलटबाँसी-सी...

आँकड़े नहीं मालूम
कितनी बढ़ी
कितनी घटी
कितनी गुणा हुई
कितनी विभाजित।
मेरे बही-खाते
हिसाब-किताब
नफ़ा-नुक़सान नहीं दिखाते
मेरा गणित भी अजीब रहा—
उलटबाँसी-सा।
परिधि की लकीरें छोटी कर
जब सिमट गई
तब फैल गई...

आँकड़े नहीं मालूम।

आग्रह

सौगन्ध
वचन
अनुबन्ध से परे
आओ एक रिश्ता ऐसा भी जिएँ।

आवाहन

चलिए कुछ अच्छा-सा करते हैं—
किसी नदी का रुख—
सूखे खेत की ओर मोड़ते हैं।
समुद्र के खारे पानी को—
मीठा करते हैं।
किसी बच्चे के गीले गालों पर—
थोड़ा-सा गुलाल मलते हैं।
किसी के छूटे सपनों की—
डोर ढूँढ़ कर लाते हैं।
मालूम है पूर्णमासी नहीं—
अमावस का ही जश्न मनाते हैं।
क्यों रूठे रिश्तों की व्यथा कहें
सम्बन्धों के नये कसीदे बुनते हैं।

अहिल्या, द्रौपदी, सीता के क़िस्से छोड़,
चौपाल के पंचों को,
नई कथा सुनाते हैं।
चलिए कुछ अच्छा-सा करते हैं।

○○○